CERTIFICATS

ENVOYÉS PAR M. ALBERT GIGOT,

Préfet du Loiret,

A M. LE MINISTRE DE L'INTÉRIEUR,

EN JUILLET 1872,

Pour appuyer la Notice sur les services rendus
dans les ambulances d'Orléans,
lors des deux occupations allemandes,

[1870-1871]

Par M. le Dr HALMAGRAND.

Je certifie que, le 11 octobre 1870, ayant recueilli chez moi un capitaine de mobiles de la Nièvre blessé mortellement, je fis prévenir M. le docteur Halmagrand que j'avais besoin de ses services, et que, malgré les dangers que les éclats d'obus créaient dans notre quartier, il arriva à ma première demande, dut chercher profondément la balle dans les reins du pauvre blessé, revint dans la soirée, puis à onze heures du soir, puis enfin assidûment jusqu'à la mort du capitaine.

Je certifie encore que, plus tard, ayant eu besoin de faire examiner plusieurs blessés de mon ambulance dont les cas étaient très-graves, afin de donner plus de certitude aux avis du médecin qui la surveillait habituellement, M. Halmagrand a toujours mis un empressement plein de dévoûment à se rendre à mes demandes ; qu'il a dû faire plusieurs opérations très-douloureuses, et que, lorsque je lui ai offert à la paix une rémunération de ses services, il m'a absolument refusé, ainsi qu'à la famille du capitaine de mobiles mort chez moi, qui s'était présentée chez lui dans ce but, et aussi pour lui exprimer sa reconnaissance.

En foi de quoi j'ai signé le présent certificat, écrit à Nice, le 9 mai 1872.

C. BEAUMARIÉ-CHEVALLIER.

Ma résidence habituelle est à Orléans, rue du Chapon, 15.

C. BEAUMARIÉ-CHEVALLIER.

Je, soussigné, atteste que M. le docteur Halmagrand a donné, dans l'ambulance que j'avais établie à la Bourse, place du Martroi, 29 et 31, les soins les plus assidus et les plus dévoués aux blessés recueillis par moi pendant la période de la guerre comprise entre le 17 octobre 1870 et le 18 février 1871. Je crois, en outre, pouvoir affirmer que c'est à ses grandes connaissances chirurgicales que deux de ces pauvres blessés doivent la conservation de leurs membres.

Cte H. DE KERMELLEC.

Chaussy, ce 7 mai 1872.

Je, soussigné, BALLARD (Marie-Philibert-Saint-Prix), directeur des contributions indirectes à Orléans, rue du Faubourg-Bannier, n° 45, certifie que, du 10 octobre 1870 au 23 mars 1871, M. le docteur Halmagrand a, chaque jour, une et deux fois, donné les soins les plus dévoués et les plus éclairés aux blessés français qui ont occupé, sans discontinuer, les six ou huit lits mis à la disposition de la Société internationale de secours.

Ces visites, qui ont commencé au moment où l'on se battait dans le faubourg, n'ont pas été sans danger le 10 octobre, alors que M. Halmagrand, bloqué chez moi par l'arrivée de l'ennemi, a voulu, avant l'expiration de la lutte, sortir pour porter ses soins dans les ambulances voisines.

Je certifie, en outre, pendant cette longue et douloureuse période, reconnaître que la tâche entreprise par M. le docteur Halmagrand, avec un désintéressement que je considère comme exagéré, a été on ne peut plus laborieuse, et qu'il n'a pu, à son âge, en surmonter les fatigues que par l'énergie de son dévoûment.

Il a donné de fréquentes preuves de cette énergie en défendant mon ambulance vis-à-vis de l'autorité prussienne qui, à diverses reprises, a voulu faire évacuer des malades pour les constituer prisonniers.

En foi de quoi a été délivré le présent.

Saint-Prix BALLARD.

Lettre adressée par M. BALLARD *à* M. ALBERT GIGOT,
Préfet du Loiret.

Monsieur le Préfet,

Permettez-moi d'avoir l'honneur de vous recommander M. le docteur Halmagrand.

Jusqu'ici le docteur ne m'ayant pas autorisé à faire des démarches en sa faveur, je me suis borné à rendre témoignage à Monsieur votre prédécesseur des services qu'il a rendus. J'ai cru devoir également appeler l'attention du commissaire de l'Internationale de mon quartier, M. de Bengy, sur les services de M. Halmagrand. Enfin, j'en ai parlé récemment à M. Mauge. Je me reproche de n'avoir pas fait davantage.

Aujourd'hui qu'un certificat m'est demandé, je puis sortir de ma réserve, et je vous prie, Monsieur le Préfet, de ne pas trouver mauvais que je vous adresse mes plus instantes sollicitations en faveur de M. Halmagrand pour l'obtention de la croix de la Légion-d'Honneur.

Je puis vous donner l'assurance formelle qu'il est digne de cette distinction.

Au cours de la longue période pendant laquelle nous avons eu des rapports journaliers, j'ai pu, non seulement juger du dévoûment qu'il apportait dans l'exercice de sa profession, mais aussi apprécier l'homme.

Nous avons échangé plus d'une idée sur notre triste situation, et les sentiments de M. Halmagrand sont on ne peut plus honorables.

Quant à son désintéressement, c'est un fait notoire qui ne me paraît pas sans valeur.

Veuillez agréer, Monsieur le Préfet, l'expression de mon respect et de mon dévoûment.

Saint-Prix BALLARD.

Autant qu'il nous est possible et permis, nous recommandons de nos sincères et sérieux témoignages les mérites de M. le docteur Halmagrand à l'attention de M. le Préfet du Loiret. En les attestant par notre estime, nous ne satisfaisons qu'à un devoir de justice publique. Nous déclarons sans hésitation qu'à nos yeux M. le docteur Halmagrand est digne, par ses travaux et ses services, d'obtenir la décoration de la Légion-d'Honneur.

(Certificat de M. DUBOYS (d'Angers), premier président
à la Cour d'Orléans.)

Toutes ces pièces ont été envoyées au ministère de l'intérieur par M. Albert GIGOT, préfet du Loiret, comme le prouve la lettre suivante :

CABINET
DU PRÉFET
du Loiret.

Orléans, le 5 juillet 1872.

MONSIEUR,

J'ai transmis aujourd'hui à M. le Ministre de l'intérieur, avec un avis favorable, la demande de M. Halmagrand.

Je suis heureux de vous l'annoncer.

Veuillez agréer, Monsieur, l'expression de mes sentiments les plus distingués.

ALBERT GIGOT.

Nous, soussigné, attestons que M. le docteur Halmagrand a donné, dans nos ambulances, les soins les plus assidus et les plus dévoués aux blessés des deux nations recueillis par nous pendant la période de la guerre comprise entre le 11 octobre 1870 et le 17 mars 1871.

G. COLAS DES FRANCS,
Membre du Conseil municipal d'Orléans,

qui est heureux de saisir cette circonstance pour témoigner avoir toujours rencontré en M. le docteur Halmagrand le dévoûment le plus empressé.

Le soussigné constate que M. le docteur Halmagrand a fait preuve d'un courage et d'un dévoûment sans bornes dans les soins qu'il a donnés aux malades traités dans son ambulance. Orléans, le 2 mai 1872.

E. SALMON,
Chef de bureau à la Préfecture du Loiret.

Le soussigné, fabricant de couvertures, est heureux de rendre hommage au dévoûment avec lequel M. le docteur Halmagrand a soigné pendant cinq mois les blessés de son ambulance.

Th. GILBERT,
22, Faubourg Bannier.

Les soussignés, maîtres de l'hôtel Saint-Aignan, faubourg Bannier, n° 1, sont heureux de pouvoir rendre hommage au dévoûment avec lequel M. le docteur Halmagrand a soigné, pendant la durée de la guerre, les blessés des deux nations dans notre ambulance de l'hôtel.

Orléans, le 5 mai 1872.

MORTIER & BRUNNE.

—————

Je ne puis que joindre mon témoignage bien sincère à ceux qui précèdent, car je n'ai cessé d'admirer le zèle, l'habileté et le complet désintéressement avec lesquels M. le docteur Halmagrand a soigné les blessés et les malades français et étrangers recueillis dans notre ambulance pendant la trop longue occupation.

Orléans, le 5 mai 1872.

DEMUILLIÈRE père.

E. LACAN.   F. DOUESNEL,
                    Commissaire de marine en retraite, chevalier
                    de la Légion-d'Honneur.

—————

Je signe avec grand cœur cette attestation, heureux de pouvoir rendre hommage au courage et au dévoûment de M. le docteur Halmagrand.

Orléans, 6 mai 1872.

E. DELAUNAY,
Négociant en vins à Orléans.

—————

VIII

Je me joins avec grand plaisir aux sentiments exprimés par
les signatures ci-dessus.

E. BARDIN,
Négociant en vins, 81, faubourg Bannier, Orléans.

Je m'empresse de rendre hommage au dévoûment dont a fait
preuve le docteur Halmagrand, en venant pendant cinq mois
soigner tous les jours les blessés de mon ambulance, malgré
son extrême fatigue.

Vte DE FÉRAUDY,
3, rue Croix-de-Malte.

Je me joins avec plaisir aux sentiments exprimés par les signatures ci-dessus, ne pouvant jamais assez remercier le docteur
Halmagrand des soins si dévoués qu'il a prodigués à tous nos
blessés.

Émile FOUSSET,
Ambulance évangélique, 23, rue des Carmes.

Je ne saurais témoigner avec trop d'empressement du dévoûment intelligent que M. le docteur Halmagrand n'a cessé, pendant toute l'occupation allemande, de prodiguer aux blessés
recueillis et soignés dans mon ambulance.

Orléans, 6 mai 1872.

Eugène FOUSSET,
21, rue des Carmes.

Je, soussigné, reconnais que M. le docteur Halmagrand a soigné les blessés de mon ambulance située faubourg Bannier, nº 84, pendant le temps des deux occupations.

A Orléans, le 6 mai 1872.

BLANCHARD,
Propriétaire, 120, rue Bannier.

GUILLOT,
Propriétaire.

Je joins avec empressement ma signature pour attester le dévoûment de M. Halmagrand envers nos blessés soignés dans l'ambulance de l'école de dessin.

Clovis MONCEAU,
Chef de l'ambulance, rue Treille-Motte-Sanguin, 5.

Je me fais un devoir d'attester que M. le docteur Halmagrand a soigné avec le plus grand zèle les blessés recueillis dans mon ambulance pendant l'occupation, et que je n'ai eu qu'à me louer de son dévoûment.

Orléans, le 6 mai 1872.

E. SAVOURÉ.

Je me joins aux signatures ci-dessus.

A. BERTHEAU,
Faubourg Bannier, 47.

Je suis très-heureux de déclarer que M. le docteur Halma-grand, au témoignage de tous mes confrères, a donné les soins les plus dévoués aux nombreux malades de notre ambulance.

Orléans, le 8 mai 1872.

DELPORTE,
Supérieur des Lazaristes d'Orléans.

Je, soussigné, constate que M. le docteur Halmagrand est venu soigner les malades composant mon ambulance, et cela tous les jours, sans exception ; que, de plus, par les bons et habiles soins qu'il leur a prodigués, il les a guéris en majeure partie.

BAUCHET-LABERTHE,
Fabricant de faïence.

Je suis heureux de témoigner par ma signature la reconnais-sance que j'éprouve pour les soins dévoués et assidus que M. le docteur Halmagrand a donnés aux blessés de mon ambulance.

Orléans, le 8 mai 1872.

LEBEAU-PEPIN,
14, quai Barantin.

11 mai 1872.

E. CARLIER,
16, rue Dauphine.

Orléans, imp. de Georges JACOB, cloître Saint-Etienne, 4.